D1827318

Erster Atlas für Kinder

Text und Gestaltung von

Nicola Wright, Tony Potter, Dee Turner und Christine Wilson

Illustrationen von

Lyn Mitchell

Inhalt

N O W S

BZ

Was ist eine Karte?

Eine Landkarte stellt eine Gegend aus der Vogelperspektive dar. Stell dir vor, du fotografierst aus einem Flugzeug heraus euer Haus. Das Foto würde die Gegend um euer Haus flach ausgebreitet zeigen.

Das ist unser Haus aus der Vogelschau. Wie würde euer Haus auf einem Foto aussehen? Versuche, es zu zeichnen.

Schau mal, wie die Häuser, Bäume und Straßen auf dem Foto aussehen.

Wenn du in den Weltraum fliegen könntest, würdest du außer eurem Land noch andere Länder erkennen.

Unsere Stadt

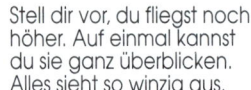

Stell dir vor, du fliegst noch höher. Auf einmal kannst du sie ganz überblicken. Alles sieht so winzig aus.

Unser Land

Stell dir vor, eure Stadt läge auf einer Insel. Je höher du fliegst, desto mehr von der Insel kannst du sehen.

Die Erde

Wolken bilden sich am Himmel und ziehen um die Erde. Auf der Erde gibt es wesentlich mehr Ozeane als Festland.

So würde unser Land auf einer Landkarte aussehen. Kleine Bilder, die man Symbole nennt, ersetzen die wirklichen Dinge.

2

Das sind die Symbole, die in diesem Atlas benutzt werden. Was sie bedeuten, steht in der **Legende**, die jeder Atlas enthält.

Wenn du ein bestimmtes Land suchst, kannst du im Register unter dem ersten Buchstaben nachschauen. Du findest also **Chile** unter **C**.

Symbole

 Staats-grenze

 Meer oder Ozean

Haupt-stadt Berlin

Groß-stadt ◆München

 See

Fluß

 Hoch-gebirge

Mittel-gebirge

 Tropischer Regenwald

 Monsun-wald (heiße Gebiete mit Regenzeiten)

 Nadel-wald

Symbole

 Laub-wald

 Misch-wald

 Mediterraner Wald (trockene Gebiete mit immergrünen Bäumen)

 Wüste (es gibt Sand-wüsten, Kies-wüsten und Dornbusch-savannen)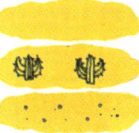

 Grasland (in Nordamerika heißt es Prärie, in Südamerika Pampa)

 Steppe (in Asien ist es eine Hart-grassteppe)

 Savanne (trockenes Gras-land mit weni-gen Bäumen in Afrika)

 Tundra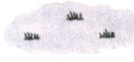

Eisland-schaft (Antarktis)

3

Weltkarte

Diese Landkarte zeigt den ganzen Erdball flach ausgebreitet. Die verschiedenfarbigen Gebiete werden Kontinente genannt. Es gibt sieben Kontinente und vier Ozeane.

Das ist der Planet Erde. Die gedachte Linie, die die Erdkugel teilt, nennt man Äquator.

In diesem Buch lernst du etwas über die Völker, die Landschaft, die Pflanzen und Tiere eines jeden Kontinents.

Der größte Kontinent ist Asien, der kleinste ist Australien.

Länder
Die Landkarten in diesem Atlas zeigen die Länder dieser Erde. Die weißen Linien markieren die Grenzen der einzelnen Staaten.

Jedes Land besitzt eine Nationalflagge. Einige davon werden hier vorgestellt.

Europäisches Nordmeer

Nord-amerika

Atlantischer Ozean

Äquator

Pazifischer Ozean

Süd-amerika

Atlantischer Ozean

Die untere Hälfte des Erdballs heißt süd-liche Hemi-sphäre.

Südpol

Polen

Bel-gien

Portugal

Italien

4

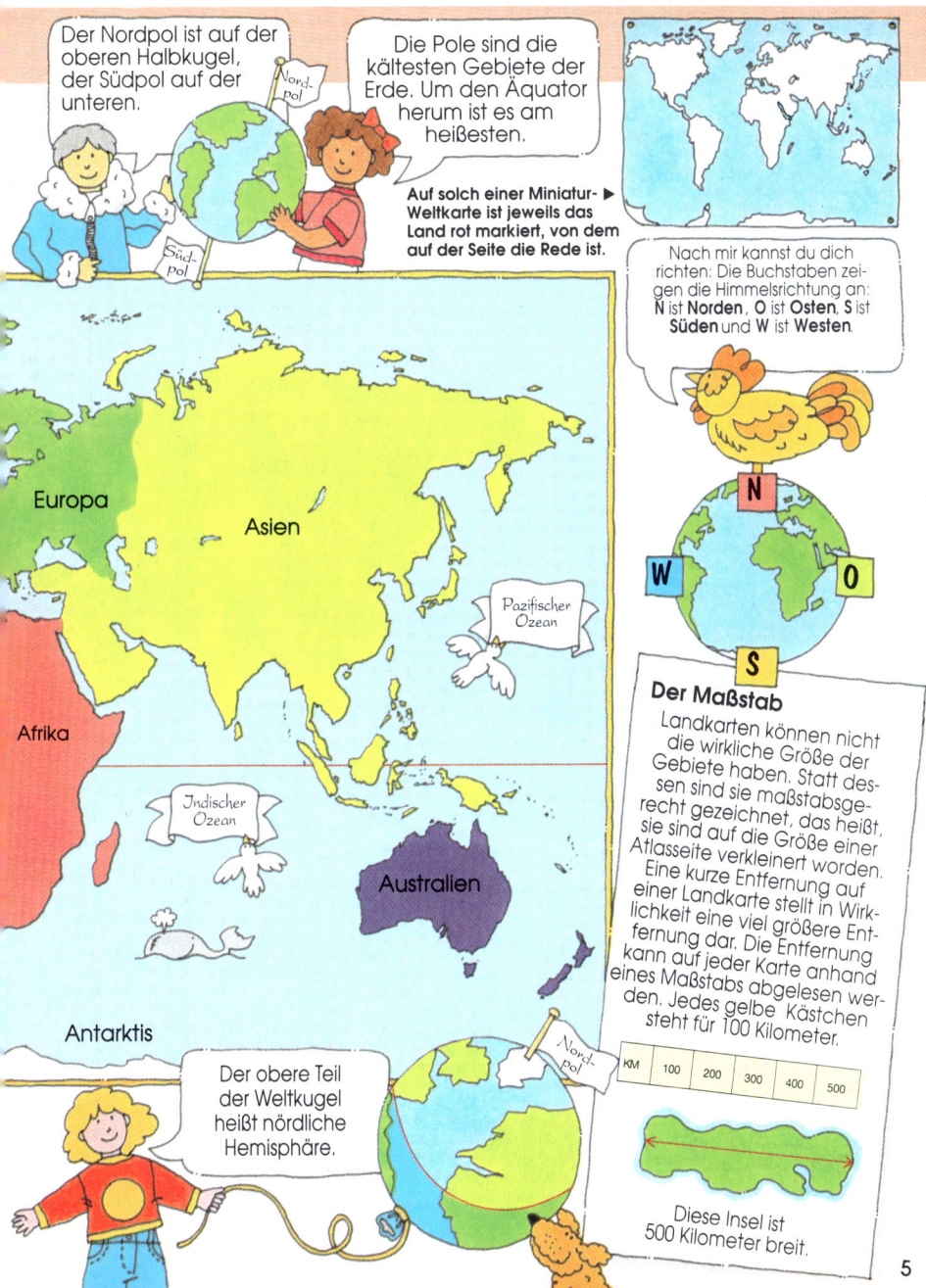

Der Nordpol ist auf der oberen Halbkugel, der Südpol auf der unteren.

Die Pole sind die kältesten Gebiete der Erde. Um den Äquator herum ist es am heißesten.

Auf solch einer Miniatur-► Weltkarte ist jeweils das Land rot markiert, von dem auf der Seite die Rede ist.

Nach mir kannst du dich richten: Die Buchstaben zeigen die Himmelsrichtung an: **N** ist **Norden**, **O** ist **Osten**, **S** ist **Süden** und **W** ist **Westen**.

Europa

Asien

Pazifischer Ozean

Afrika

Indischer Ozean

Australien

Antarktis

Nordpol

Südpol

Der Maßstab

Landkarten können nicht die wirkliche Größe der Gebiete haben. Statt dessen sind sie maßstabsgerecht gezeichnet, das heißt, sie sind auf die Größe einer Atlasseite verkleinert worden. Eine kurze Entfernung auf einer Landkarte stellt in Wirklichkeit eine viel größere Entfernung dar. Die Entfernung kann auf jeder Karte anhand eines Maßstabs abgelesen werden. Jedes gelbe Kästchen steht für 100 Kilometer.

KM	100	200	300	400	500

Diese Insel ist 500 Kilometer breit.

Der obere Teil der Weltkugel heißt nördliche Hemisphäre.

Nordpol

5

Europa

Europa ist der zweitkleinste Kontinent, nur Australien ist kleiner. Europa besteht aus über 40 Staaten. Einige von ihnen haben sich zur Europäischen Gemeinschaft zusammengeschlossen. Auf dieser Karte kannst du die Staatsgrenzen und Haupt- städte kennenlernen.

* = Hauptstadt

Island ist eine große Insel im Nordatlantik. Sie liegt 1 200 Kilometer west- lich von Norwegen.

Reykjavik *
Island

Britische Inseln
Schottland
Nordirland
Edinburgh *
Belfast *
Republik Irland
Dublin *
Wales
England
Cardiff *
London *

Schweden
Norwegen
Oslo *
Stockholm *

Finnland
Helsinki *

Tallinn
Estland

Riga *
Lettland

Litauen
Vilnius *
Rußland
Minsk *
Weißrußland

Kopenhagen *
Dänemark

Nordsee

Niederlande
Amsterdam *

Berlin *
Deutschland

Warschau *
Polen

Moldawien

Belgien
* Brüssel
Luxemburg

* Prag
Tschechische Republik

Slowakei
* Bratislava

* Paris

Liechtenstein
* Bern
Schweiz

Wien *
Österreich

Budapest *
Ungarn

Rumänien

Bukarest *

Frankreich

Slowenien
* Ljubljana

* Zagreb

Belgrad
4

Portugal

Andorra
Monaco

Italien

1

3

Sofia *
Bulgarien

Lissabon

Spanien

* Madrid

San Marino

* Rom

2

Tirana
Albanien

Griechenland

Vatikanstadt

Athen

Gibraltar

Atlantischer Ozean

Mittelmeer

1 Bosnien-Herzegowina
   * Sarajevo
2 Makedonien
   * Skopje
3 Montenegro
   * Podgorica
4 Serbien
   * Belgrad

* Valletta
Malta

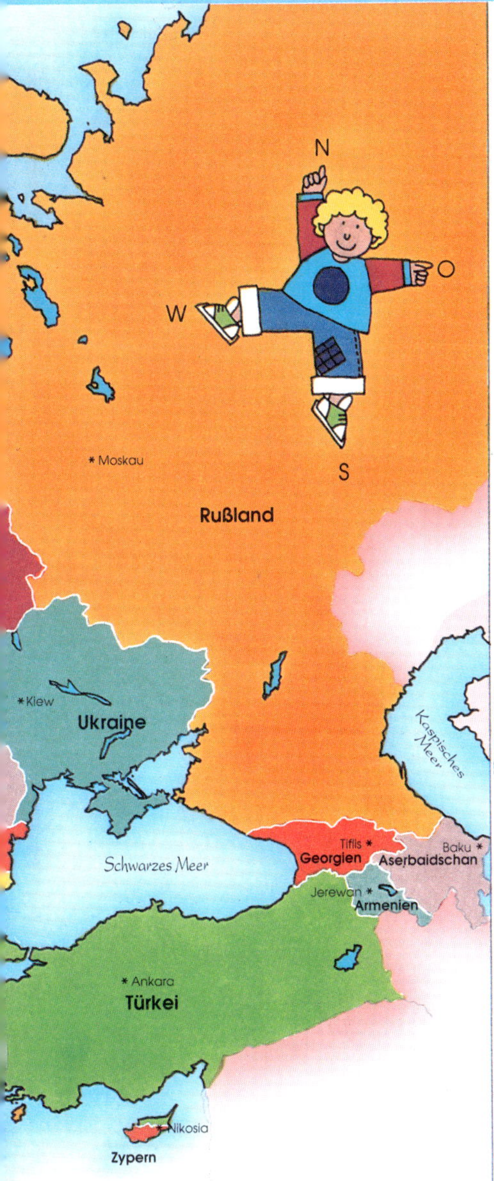

Die Europäische Gemeinschaft

1958 schlossen sich Belgien, Frankreich, die Bundesrepublik Deutschland, Italien, Luxemburg und die Niederlande zur Europäischen Wirtschaftsgemeinschaft (EWG) zusammen, die jetzt Europäische Gemeinschaft (EG) heißt.

Bis heute sind noch folgende Staaten der EG beigetreten: Dänemark, Griechenland, die Republik Irland, Spanien und Großbritannien. Weitere haben einen Antrag auf Beitritt gestellt.

Die EG hat ein eigenes Parlament, das in der französischen Stadt Straßburg seinen Sitz hat.

Die EG wurde gegründet, um den Handel zwischen den Mitgliedsstaaten zu erleichtern.

Europaflagge

N
W   O
S

* Moskau

Rußland

* Klew
Ukraine

Kaspisches Meer

Schwarzes Meer

Tiflis *
Georgien   Baku *
Aserbaidschan

Jerewan *
Armenien

* Ankara
Türkei

* Nikosia
Zypern

Europäische Sprachen

Hier kannst du lernen, wie sich die Menschen in verschiedenen Ländern in ihrer jeweiligen Sprache begrüßen.

Hola
(Spanisch)

Ciao
(Italienisch)

Die hier abgebildeten Trachten werden in einigen Gegenden bei besonderen Festen getragen. Die europäischen Kinder tragen allerdings am liebsten Jeans, Sweatshirts und Sportschuhe.

Normalerweise ist es schwierig für jemanden aus einem bestimmten Land, jemanden aus einem anderen Land zu verstehen. Die Menschen sprechen eben nicht dieselbe Sprache.

Ola
(Portugiesisch)

Yia sas
(Griechisch)

In Europa werden nämlich über 30 verschiedene Sprachen gesprochen. Griechisch und Russisch haben sogar ein anderes Alphabet.

Klima

Je weiter man in Europa nach Süden gelangt, desto wärmer wird es.

Im Gebirge wird es im Winter sehr kalt, und es fällt Schnee.

Im Westen fällt mehr Regen als im Osten.

Bonjour (Französisch)

Guten Tag (Deutsch)

Servus (Österreich)

Dag (Holländisch)

Shwmai (Walisisch)

Priwjet (Russisch)

Godan dag (Isländisch)

Jo napot (Ungarisch)

Zdravej (Bulgarisch)

Dzien Dobry (Polnisch)

Hei (Schwedisch)

Zdravo (Serbokroatisch)

Europäische Erzeugnisse

Europa besitzt große landwirtschaftliche Nutzflächen. Getreide wird angebaut und Viehzucht betrieben.

Viele Menschen arbeiten in der Industrie. Von Schrauben und Maschinen bis hin zu Computern und Flugzeugen wird in Europa vieles industriell produziert.

In einigen Gebieten Rußlands gibt es riesige Ebenen. Dort werden große Mengen von Weizen, Gerste und Hafer angebaut.

In den Mittelmeerländern gibt es Obst, besonders Weintrauben, Oliven, Apfelsinen und Zitronen.

Viele europäische Länder haben Bodenschätze wie Kohle oder Eisenerze, die in Bergwerken abgebaut werden.

In Großbritannien, Frankreich und Dänemark gibt es vor allem Milchwirtschaft. Diese Länder haben ein kühleres Klima, und es fällt viel Regen, so daß das Gras gut wachsen kann.

Millionen von Touristen kommen jedes Jahr nach Europa. Tourismus ist ein wichtiger Wirtschaftsfaktor.

Tiere

Steinböcke sehen aus wie eine Kreuzung aus Ziege und Hirsch. Sie leben noch vereinzelt im europäischen Hochgebirge.

Füchse leben in Wäldern – und manchmal auch in Städten. Sie haben wunderschönes Fell und einen langen, buschigen Schwanz.

Dachse sind auch Waldbewohner. Sie schlafen tagsüber in ihrem Bau und ernähren sich nachts von Insekten, Schnecken, Raupen und anderen kleinen Tieren.

Igel haben ein Stachelkleid, das sie vor Angreifern schützt. Wenn sie sich fürchten, rollen sie sich zu einer stacheligen Kugel zusammen.

Der vom Aussterben bedrohte Steinadler lebt im europäischen Hochgebirge.

Die einzige Affenart, die in Europa heimisch ist, sind die Berberaffen, die auf den Felsen von Gibraltar leben.

Robben leben an den Küsten der kalten Meere. Ihr dichtes Fell und eine dicke Fettschicht schützt sie vor Kälte.

Postkarten aus Europa

Es gibt ganz unterschiedliche Landschaften in Europa. Außerdem hat jedes Land besonders berühmte Sehenswürdigkeiten. Hier ein paar typische Postkartenansichten.

Das Brandenburger Tor in Berlin, Deutschland

Tulpen und Windmühlen in Holland

Der Eiffelturm in Paris, Frankreich

Ein Skigebiet in den französischen Alpen

Das Schloß Neuschwanstein in Bayern, Deutschland

Der Ponte Vecchio in Florenz, Italien

Der Grand' Place in Brüssel, Belgien

Weideland in Irland

Der Tower in London, England

Ein Fjord in Norwegen

Die Basilius-Kathedrale in Moskau, Rußland

Die Akropolis in Athen, Griechenland

Berge in Österreich

Die Sagrada Familia in Barcelona, Spanien

Urlaubstag auf einer griechischen Insel

Lappe mit seinem Rentier, Lappland

13

Nordeuropa

Skandinavien heißt der nördlichste Teil Europas mit den Halbinseln Norwegen, Schweden und Dänemark. An der norwegischen Küste gibt es über 150 000 Inseln. Die Küste ist zerklüftet, und die tiefen Einschnitte heißen Fjorde. Wälder und Seen bedecken weite Teile von Skandinavien. In diesen Gebieten lebten früher Bären und Wölfe.

Die Arbeiter fliegen mit dem Hubschrauber zu ihrem Arbeitsplatz auf der Bohrinsel.

Von Kindesbeinen an fahren die Nordeuropäer Ski.

Unter dem Meeresboden gibt es Erdöl. Bohrinseln pumpen es an die Oberfläche.

Öl wird als Treibstoff für Autos und zum Heizen verwendet.

Trawler sind Fischkutter, die mit großen Schleppnetzen auf Fischfang ausfahren. Viele norwegische Trawler befahren die Norsee.

Einige von ihnen bleiben monatelang auf hoher See.

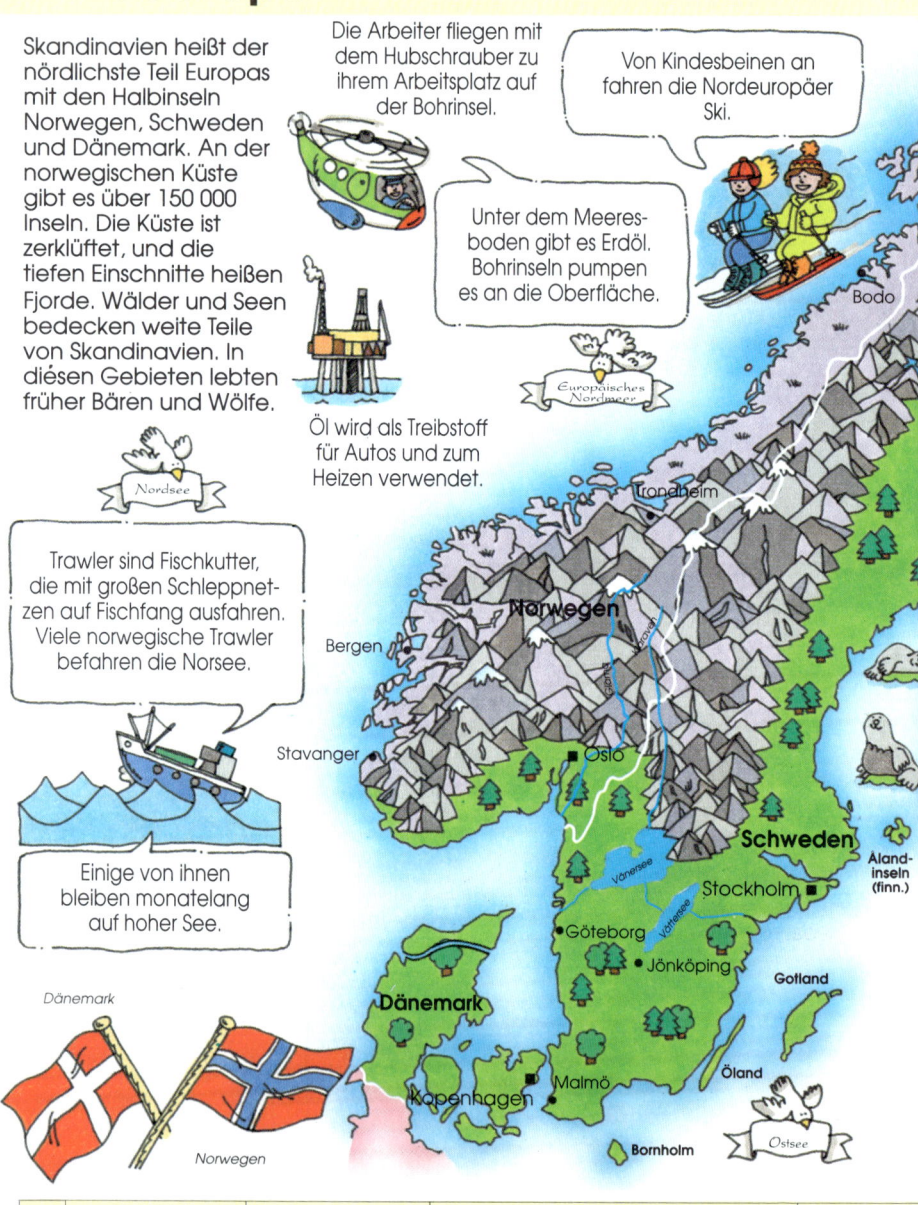

Europäisches Nordmeer

Nordsee

Bodo

Trondheim

Norwegen

Bergen

Glomma

Stavanger

Oslo

Schweden

Åland-inseln (finn.)

Vänersee

Stockholm

Vättersee

Göteborg

Jönköping

Gotland

Dänemark

Öland

Kopenhagen

Malmö

Ostsee

Bornholm

Dänemark

Norwegen

KM · 250 · 500 · 1000

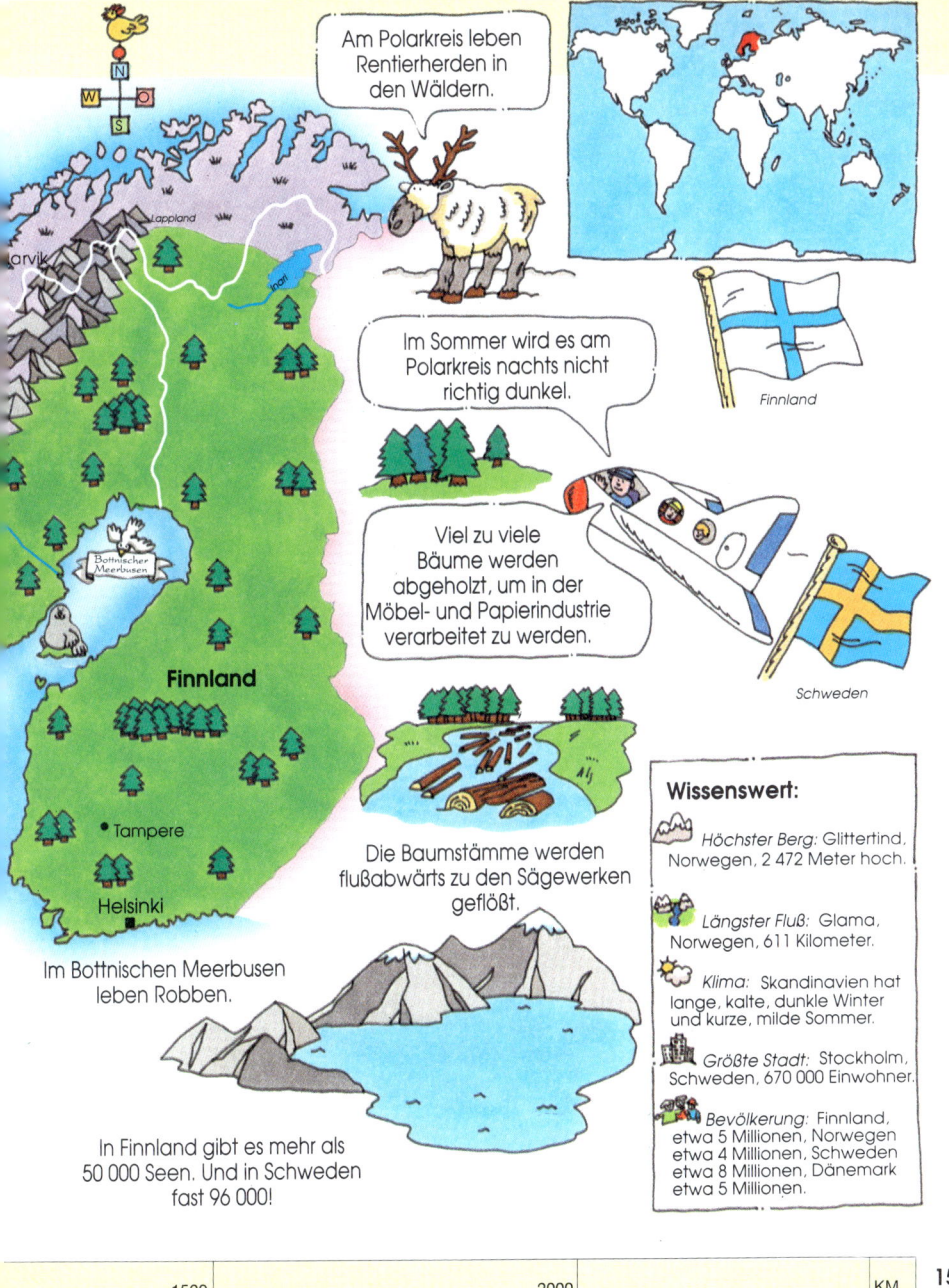

Am Polarkreis leben Rentierherden in den Wäldern.

Im Sommer wird es am Polarkreis nachts nicht richtig dunkel.

Viel zu viele Bäume werden abgeholzt, um in der Möbel- und Papierindustrie verarbeitet zu werden.

Finnland

Schweden

Lappland

arvik

Inari

Bottnischer Meerbusen

Finnland

Tampere

Helsinki

Im Bottnischen Meerbusen leben Robben.

Die Baumstämme werden flußabwärts zu den Sägewerken geflößt.

In Finnland gibt es mehr als 50 000 Seen. Und in Schweden fast 96 000!

Wissenswert:

Höchster Berg: Glittertind, Norwegen, 2 472 Meter hoch.

Längster Fluß: Glama, Norwegen, 611 Kilometer.

Klima: Skandinavien hat lange, kalte, dunkle Winter und kurze, milde Sommer.

Größte Stadt: Stockholm, Schweden, 670 000 Einwohner.

Bevölkerung: Finnland, etwa 5 Millionen, Norwegen etwa 4 Millionen, Schweden etwa 8 Millionen, Dänemark etwa 5 Millionen.

Großbritannien und Mitteleuropa

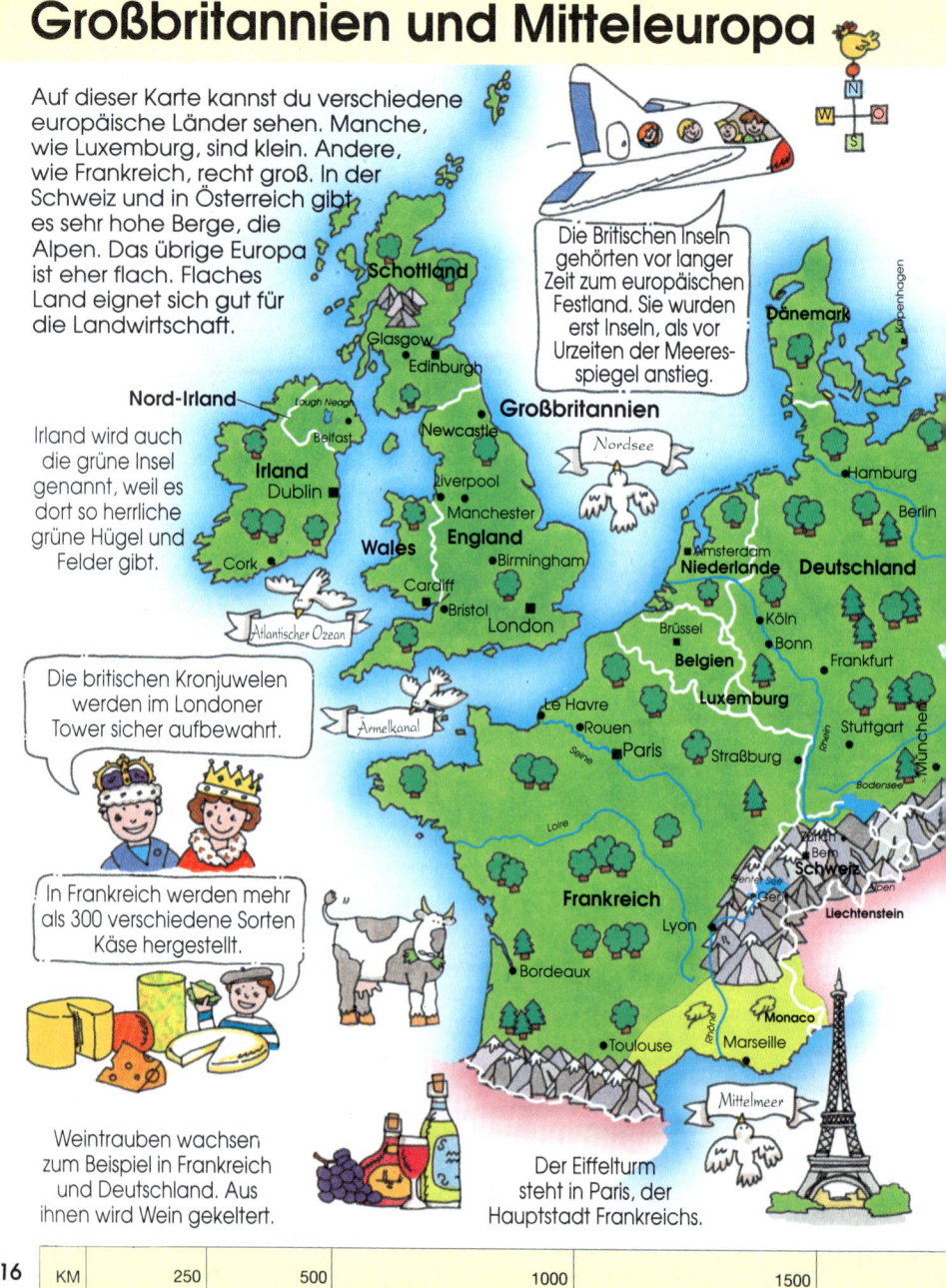

Auf dieser Karte kannst du verschiedene europäische Länder sehen. Manche, wie Luxemburg, sind klein. Andere, wie Frankreich, recht groß. In der Schweiz und in Österreich gibt es sehr hohe Berge, die Alpen. Das übrige Europa ist eher flach. Flaches Land eignet sich gut für die Landwirtschaft.

Die Britischen Inseln gehörten vor langer Zeit zum europäischen Festland. Sie wurden erst Inseln, als vor Urzeiten der Meeresspiegel anstieg.

Irland wird auch die grüne Insel genannt, weil es dort so herrliche grüne Hügel und Felder gibt.

Die britischen Kronjuwelen werden im Londoner Tower sicher aufbewahrt.

In Frankreich werden mehr als 300 verschiedene Sorten Käse hergestellt.

Weintrauben wachsen zum Beispiel in Frankreich und Deutschland. Aus ihnen wird Wein gekeltert.

Der Eiffelturm steht in Paris, der Hauptstadt Frankreichs.

Schottland
Glasgow
Edinburgh
Nord-Irland
Lough Neagh
Belfast
Newcastle
Irland
Dublin
Liverpool
Manchester
Wales
England
Birmingham
Cardiff
Bristol
London
Cork
Großbritannien
Nordsee
Dänemark
Hamburg
Berlin
Amsterdam
Niederlande
Deutschland
Brüssel
Köln
Bonn
Frankfurt
Belgien
Luxemburg
Stuttgart
Le Havre
Rouen
Straßburg
Seine
Paris
Rhein
München
Bodensee
Armelkanal
Atlantischer Ozean
Loire
Frankreich
Lyon
Zürich
Bern
Genfer See
Genf
Schweiz
Alpen
Liechtenstein
Bordeaux
Rhône
Monaco
Marseille
Toulouse
Mittelmeer
Kopenhagen

16 | KM | 250 | 500 | 1000 | 1500 |

Die Niederlande sind so flach, daß das Land immer wieder vom Meer überflutet wird. Dämme schützen die Küsten, und Windmühlen pumpen das Wasser zurück.

Deutsche, französische und britische Industrien produzieren unter anderem Autos und Computer.

Großbritannien
Schweiz
Frankreich
Deutschland
Österreich

Danzig
Weichsel
Warschau
Posen
Polen
Oder
Breslau
Elbe
Krakau
Karpaten
Prag
Tschechische Republik
Slowakei
Wien
Bratislava
Budapest
Salzburg
Ungarn
Donau
Österreich
Klausenburg
Rumänien
Konstanza
Temeswar
Bukarest

Skilaufen ist in den Bergen ein beliebter Sport.

Bulgarien
Sofia

Entlang des Rheins in Deutschland gibt es alte Burgen und Schlösser.

Wissenswert:

Höchster Berg: Mont Blanc, Frankreich 4 807 m

Längster Fluß: Donau, 2 824 km

Klima: der größte Teil Mitteleuropas hat milde Winter und warme Sommer. Niederschlag fällt das ganze Jahr über, im Bergland im Winter als Schnee.

Größte Stadt: Paris, Frankreich, etwa 10 Millionen Einwohner.

Bevölkerung einiger Staaten: Frankreich ungefähr 56 Millionen, Großbritannien (England, Schottland und Wales) ungefähr 54 Millionen, Luxemburg ungefähr 380 000. Deutschland hat fast 80 Millionen Einwohner.

Südeuropa

In den Mittelmeerländern ist es das ganze Jahr über warm und sonnig. Oliven, Obst und Gemüse werden in allen diesen Ländern angebaut. Viele Menschen verbringen ihre Ferien am Mittelmeer. In einigen Teilen Frankreichs und Spaniens gibt es auch Berge, in denen die Urlauber Ski fahren können.

Stierkampf ist ein beliebter Sport in Spanien.

In den Pyrenäen leben noch Adler und Geier.

Segeln und Wasserski sind bei den Urlaubern beliebt.

Auf den Felsen von Gibraltar leben Affen.

Portugiesische Trauben werden zu Portwein verarbeitet, einem dunklen, süßen Wein.

Kantabrisches Gebirge

Portugal

Spanien

Ebro

Pyrenäen

Andorra

Alpen

Turin

Korsika

Barcelona

Tajo

Madrid

Lissabon

Valencia

Mallorca

Balearen

Sardinien

Sevilla

Granada

Malaga

Gibraltar

Spanien

Wissenswert:

Höchster Berg: Mont Blanc, französisch-italienische Alpen, 4 807 m.

Längster Fluß: Tajo, Portugal/Spanien 1 007 km.

Klima: Die Mittelmeer-länder haben lange, heiße Sommer und milde Winter.

Größte Stadt: Madrid, Spanien, ungefähr 3 Millionen Einwohner.

Bevölkerung: Griechenland etwa 10 Millionen, Italien etwa 57 Millionen, Spanien etwa 40 Millionen.

| KM | 250 | 500 | 1000 | 1500 |

Venedig ist auf vielen kleinen Inseln im Meer erbaut worden. Viele Straßen sind Kanäle, so daß die Bewohner mit Gondeln durch die Stadt fahren.

Schaf- und Ziegenherden in den Bergen versorgen die Menschen mit Milch, Käse, Wolle, Butter und Fleisch.

Dolomiten

Mailand

Slowenien
Ljubljana

Venedig

Zagreb

Kroatien

Belgrad

Po

Bosnien-Herzegowina

San Marino

Florenz

Pisa

Sarajevo

Serbien

Italien

Montenegro
Podgorica

Türkei

Vatikanstadt
Rom

Adria

Skopje

Makedonien

Tirana

Neapel

Albanien

Die meisten italienischen Fabriken liegen im Norden des Landes.

Rhodope-Gebirge

Griechenland

Griechenland

Athen

Italien

Sizilien

Der Schiefe Turm von Pisa steht bereits seit 600 Jahren schief.

Es gibt mehr als 1 400 griechische Inseln.

Malta

Kreta

Im Süden gibt es vor allem Bauern.

Eindrucksvolle Bauwerke und Tempel stammen aus dem antiken Griechenland. Heute schauen sich Touristen die Ruinen an.

Rußland und die GUS

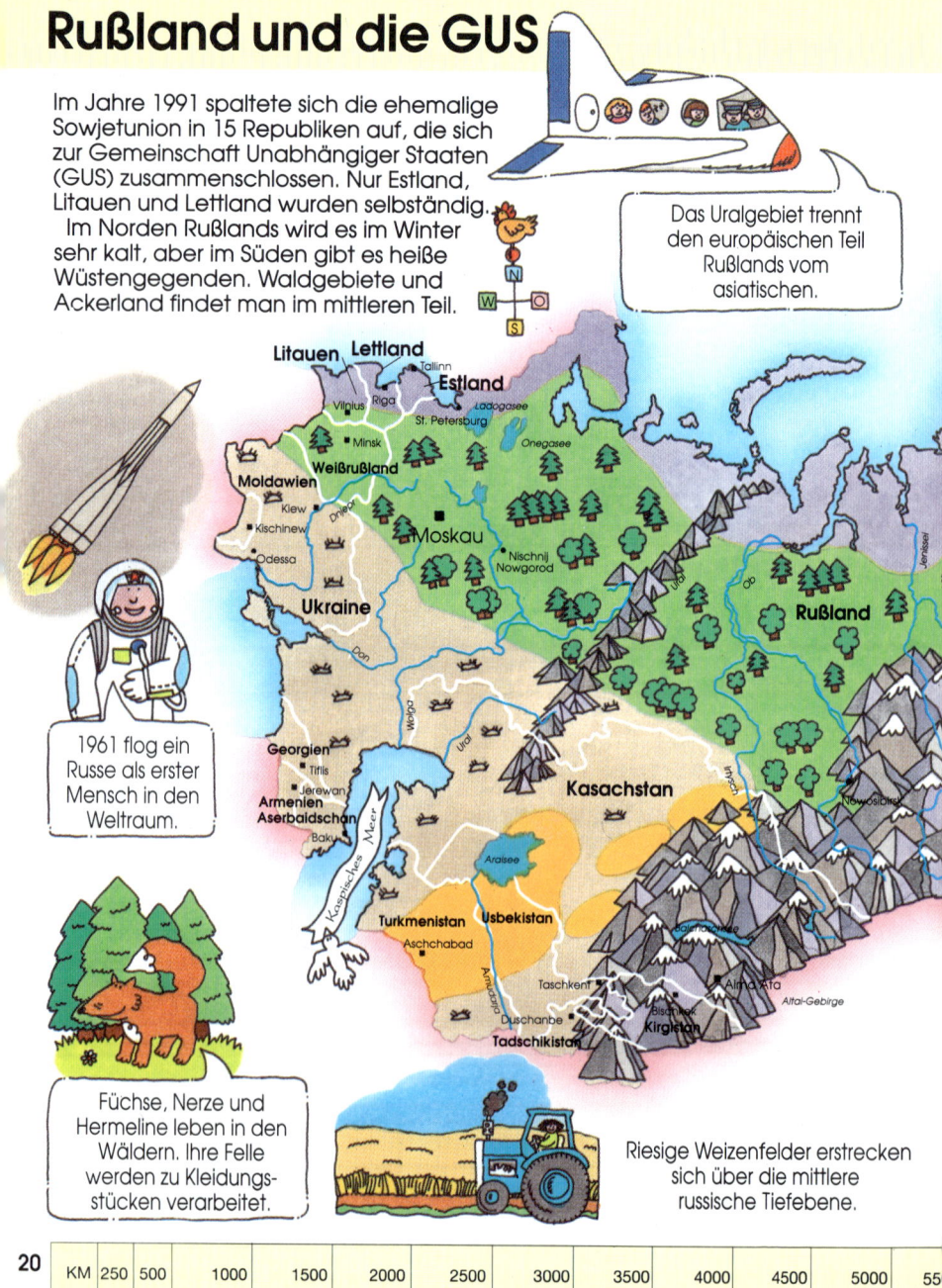

Im Jahre 1991 spaltete sich die ehemalige Sowjetunion in 15 Republiken auf, die sich zur Gemeinschaft Unabhängiger Staaten (GUS) zusammenschlossen. Nur Estland, Litauen und Lettland wurden selbständig.

Im Norden Rußlands wird es im Winter sehr kalt, aber im Süden gibt es heiße Wüstengegenden. Waldgebiete und Ackerland findet man im mittleren Teil.

Das Uralgebiet trennt den europäischen Teil Rußlands vom asiatischen.

1961 flog ein Russe als erster Mensch in den Weltraum.

Füchse, Nerze und Hermeline leben in den Wäldern. Ihre Felle werden zu Kleidungsstücken verarbeitet.

Riesige Weizenfelder erstrecken sich über die mittlere russische Tiefebene.

Litauen Lettland
Tallinn
Estland
Vilnius Riga
Ladogasee
St. Petersburg
Onegasee
Minsk
Weißrußland
Kiew
Kischinew Dnjepr
Moskau
Odessa
Nischnij Nowgorod
Ukraine
Rußland
Ural
Ob
Jenissei
Don
Wolga
Georgien
Tiflis
Ural
Jerewan
Armenien
Aserbaidschan
Baku
Kasachstan
Irtisch
Nowosibirsk
Aralsee
Turkmenistan Usbekistan
Aschchabad
Amudarja
Taschkent
Alma Ata
Altai-Gebirge
Balchaschsee
Bischkek
Kirgisien
Duschanbe
Tadschikistan
Kaspisches Meer

20

| KM | 250 | 500 | 1000 | 1500 | 2000 | 2500 | 3000 | 3500 | 4000 | 4500 | 5000 | 550 |

In Moskau, der Hauptstadt Rußlands, stehen schöne, alte Kirchen mit vergoldeten Zwiebeltürmen.

Nordpolarmeer

Beringmeer

Kolyma-Gebirge

Tscherskij-Gebirge

Werchojansker Gebirge

Kamtschatka

Russische Tänzer, Schriftsteller und Komponisten sind weltberühmt.

Lena

Ochotskisches Meer

Amudarja

Baikalsee

Wladiwostok

Wissenswert:

Höchster Berg: Pik Kommunismus, Pamir, Tadschikistan 7 495 m.

Längster Fluß: Ob-Irtysch 5 410 km.

Größte Stadt: Moskau, fast 9 Millionen Einwohner.

Klima: Im Norden gibt es arktisches Eis. Im Süden heiße Wüstengegenden. Im überwiegenden Teil Rußlands sind die Sommer heiß und die Winter kalt.

Bevölkerung: Ungefähr 280 Millionen.

Viele Menschen verbringen ihre Ferien am Schwarzen Meer.

Es gibt reiche Vorkommen an Erdöl, Erdgas und Kohle.

| 6000 | 6500 | 7000 | 7500 | 8000 | 8500 | 9000 | 9500 | 10 000 | 10 500 | KM |

Nordamerika

Nordamerika besteht aus Kanada, den Vereinigten Staaten von Amerika (USA), Mexiko, den mittelamerikanischen Staaten und den karibischen Inseln. Kanada ist das zweitgrößte Land der Welt. Die USA sind das viertgrößte Land und sind in 50 Staaten aufgeteilt.

Kanada

Eishockey ist der kanadische Nationalsport.

In den Rocky Mountains fährt man Ski. Die Gebirgskette zieht sich von Kanada bis in die USA.

Die USA produzieren mehr Holz als jedes andere Land.

Früher gab es in Kanada eine berittene Polizei, heute fahren die meisten Polizisten ein Auto oder Motorrad.

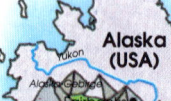

Alaska (USA)

Yukon

Alaska-Gebirge

Fairbanks

Anchorage

Gr. Bären-See

Mackenzie

Gr. Sklaven-See

Athabasca-See

Rocky Mountains

Vancouver

Columbia River

Schlangen-Fluß

Sankt Lorenz

Küsten-Gebirge

Wissenswert:

 Höchster Berg: Mount McKinley, Alaska, 6 194 m.

Längster Fluß: Mississippi, USA, 3 779 km.

 Größter See: Oberer See 82 103 qkm.

Klima: Kanada und Alaska bilden den kälteren Teil von Nordamerika. Richtig heiß ist es in Mittelamerika und in der Karibik.

Größte Stadt: New York, USA, etwa 7 Millionen Einw.

Bevölkerung: Kanada etwa 26 Millionen, USA etwa 249 Millionen, Mexiko etwa 82 Millionen, Costa Rica etwa 3 Millionen und Panama etwa 2 Millionen.

Auf Hawaii gibt es den Mauna Loa, einen aktiven Vulkan.

 **Hawaii (USA)**

Los Angeles
San Diego

Vereinigte Staaten von Amerika

Pazifischer Ozean

Vor Hunderten von Jahren lebten die Azteken in Mexiko. Noch heute sind die Mexikaner stolz auf ihre aztekischen Vorfahren.

In Mittelamerika werden Bananen, Kaffee und Zuckerrohr angebaut.

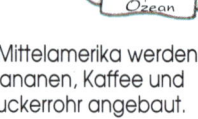

Mexiko

KM	250	500	1000	1500	2000	2500	3000	3500	4000	4500	5000	5500	6000	6500

Die Ureinwohner Kanadas waren Indianer und Eskimos.

Nordpolarmeer

Die Freiheitsstatue wurde den Amerikanern von den Franzosen geschenkt. Sie steht im Hafen von New York.

Atlantischer Ozean

In den Waldgebieten Kanadas leben Biber.

Hudson Bay

Kanada

WinnipegSee

Oberer See

Montreal

Ottawa

Toronto

Boston

Minneapolis

HuronSee

MichiganSee

OntarioSee

New York

Chicago

ErieSee

Philadelphia

Vereinigte Staaten von Amerika

In der Karibik gibt es Tausende von kleinen und großen Inseln. Sie werden die Westindischen Inseln genannt.

Die ersten Weltraumraketen wurden vom Cape Canaveral in Florida abgeschossen.

Arkansas

Atlanta

Dallas

Bermuda

Mississippi

Jungferninseln

New Orleans

Rio Grande

Houston

Golf von Mexiko

Miami

Dominikanische Republik

Antigua u. Barbuda

Guadeloupe

Havanna

Bahamas

Kuba

St. Kitts und Nevis

Dominica

Puerto Rico

Martinique

Barbados

Mexiko

Haiti

St. Lucia

Tobago

Mexiko City

Jamaica

Gewaltige Wirbelstürme richten in der Karibik manchmal große Verwüstungen an.

St. Vincent

Grenada

Trinidad

Belize

Belmopan

Honduras

Guatemala City

Tegucigalpa

Guatemala

San Salvador

Nicaragua

El Salvador

Managua

San José

Zentralamerika

Costa Rica

Panama City

Einige indianische Völker schnitzen hölzerne Totempfähle.

Panama

| | 7500 | 8000 | 8500 | 9000 | 9500 | 10 000 | 10 500 | 11 000 | 11 500 | 12 000 | 12 500 | 13 000 | 13 500 | KM |

23

Südamerika

Südamerika ist der viertgrößte Kontinent. 13 verschiedene Staaten zählen dazu. Es gibt dort Gebirge und Regenwälder, Ebenen und Wüsten. Das Klima schwankt zwischen sehr kalt und sehr heiß.

Galápagos-Inseln

In den Regenwäldern leben Kolibris. Sie sind winzig klein und haben ein farbenprächtiges Gefieder.

Ameisenbären leben ebenfalls im Regenwald. Mit ihrer langen, klebrigen Zunge fangen sie Insekten.

In Südamerika wachsen Kautschukbäume. Die Baumrinde wird eingeschnitten, und klebriges Harz rinnt heraus. Es wird zur Gummiherstellung verwendet.

Lamas dienen in den Anden als Lasttiere. Ihr dichtes Fell schützt sie vor der Kälte.

Die ganze Welt wird aus chilenischen Kupferminen mit Kupfer versorgt.

Brasilien

Guyana
Surinam
Französisch-Guayana

Caracas
Venezuela
Orinoco
Georgetown
Bergland von Guayana
Paramaribo
Cayenne
Bogotá
Kolumbien
Quito
Ecuador
Amazonas
Manaus

Lima
Peru
Bolivien
La Paz
Sucre
Brasilia

Chile
Paraguay
Asunción
Paraná
Sã
Pau

Santiago
Uruguay
Buenos Aires
Montevideo
Argentinien

Ecuador

Chile

Falkland-inseln

Anden
Angel-Fälle

KM	250	500	1000	1500	2000	2500	3000	3500	4000	4500	5000	5500

Der größte Vogel der Erde, der Kondor, ist in Südamerika heimisch. Die Spannweite seiner Flügel mißt fast 3 Meter.

Solche gewebten Muster werden von Indios angefertigt.

Brasilien

Atlantik

Recife

Brasilianisches Bergland

São Francisco

Salvador

Die Inkas haben in den Anden vor 500 Jahren riesige Festungen und Tempel gebaut. Die Reste davon kann man heute noch besichtigen.

Rio de Janeiro

Bolivien

Wissenswert:

Höchster Berg:
Aconcagua, Anden, Argentinien, 6 959 m.

Längster Fluß:
Der Amazonas ist 6 448 km lang.

Größter See:
Titicaca-See, Peru-Bolivien, 8 300 qkm.

Höchster Wasserfall:
Die Angel-Fälle sind mit 979 m die höchsten der Welt.

Größte Stadt: Sao Paulo, Brasilien, etwa 10 Millionen Einwohner.

Bevölkerung einiger Staaten: Chile etwa 13 Millionen, Argentinien etwa 32 Millionen, Brasilien etwa 150 Millionen.

Die gefährlichen Piranhas leben im Amazonas.

Die größten Rinderherden der Welt gibt es in Argentinien. Cowboys werden dort Gauchos genannt.

Kolumbien

Peru

Venezuela

| 000 | 6500 | 7000 | 7500 | 8000 | 8500 | 9000 | 9500 | 10 000 | 10 500 | 11 000 | 11 500 | KM |

25

Afrika

Afrika ist der zweitgrößte Kontinent der Erde. Er ist in verschiedene Staaten aufgeteilt. Weite Teile Afrikas bestehen aus Grasland und Wüste. Die tropischen Regenwälder wurden teilweise abgeholzt.

Madeira (port.)

Kanarische Inseln (span.)

Kapverdische Inseln

Verschiedene bedrohte Tierarten werden in Nationalparks gehalten, um sie zu schützen. Dort können Touristen sie beobachten.

Nigeria

Der Afrikanische Elefant ist das größte Landtier der Welt. Seine Ohren sind größer als die des Indischen Elefanten.

In Südafrika gibt es Diamanten- und Goldminen.

Rabat
Algier
Tunis
Marokko
Tunesien
Tripolis
Tschad

West-Sahara

Algerien
Libyen

Mauretanien
Nuakschott
Mali
Niger
Hoggar-Gebirge
Tibesti-Gebirge

Dakar
Senegal
Banjul
Gambia
Bissau
Guinea-Bissau
Bamako
Niamey
Burkina Faso
Wagadugu
Niger
Tschad
N'Djamena
Sudan

Guinea
Conakry
Freetown
Sierra Leone
Monrovia
Liberia
Elfenbein-Küste
Abidjan
Ghana
Togo
Benin
Lomé
Porto-Novo
Accra
Abuja
Nigeria

Tschad-See

Zentral-afrikanische Republik

Kamerun
Jaunde
Bangui

Äquatorial-Guinea
São Tomé u. Principe
Libreville
Gabun
Kongo
Brazzaville
Kinshasa
Republik. Kongo

Zaire

Burun...

Luanda

Atlantischer Ozean

Angola

Sambia
Lusaka
Sambesi

Namibia
Windhuk

Botswana
Gaborone
Pretoria
Johannesburg

Oranje
Drakenberge
Maseru

Südafrika
Kapstadt
Lesotho

KM	250	500	1000	1500	2000	2500	3000	3500	4000	4500	5000	5500	6000	6500

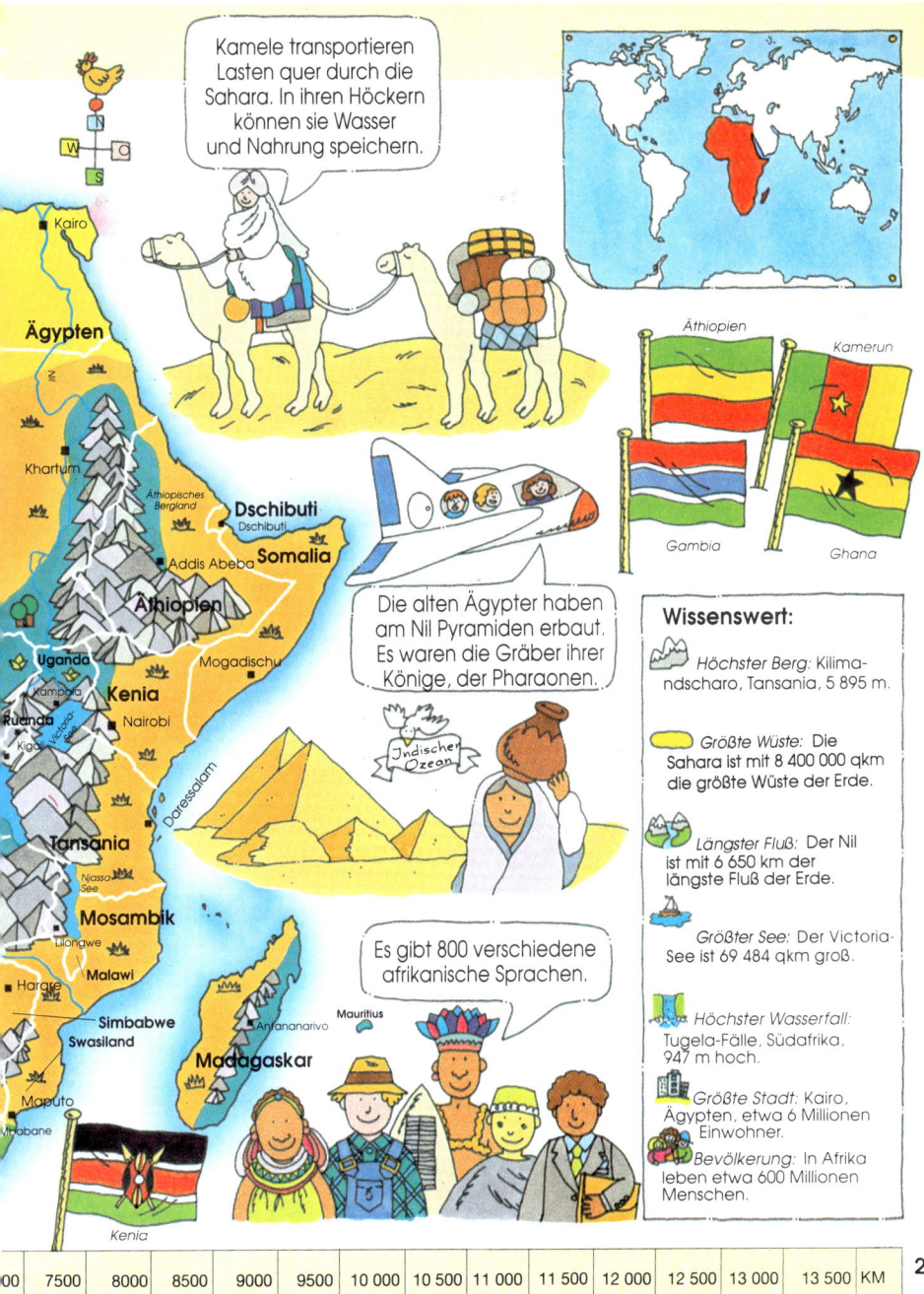

Kamele transportieren Lasten quer durch die Sahara. In ihren Höckern können sie Wasser und Nahrung speichern.

Die alten Ägypter haben am Nil Pyramiden erbaut. Es waren die Gräber ihrer Könige, der Pharaonen.

Es gibt 800 verschiedene afrikanische Sprachen.

Kairo

Ägypten

Khartum

Äthiopisches Bergland

Dschibuti
Dschibuti

Addis Abeba **Somalia**

Äthiopien

Mogadischu

Uganda

Kampala

Kenia

Ruanda Nairobi

Kigali Victoria-See

Daressalam

Tansania

Njassa See

Mosambik

Lilongwe

Malawi

Harare

Simbabwe
Swasiland

Antananarivo Mauritius

Maputo **Madagaskar**

Mbabane

Kenia

Indischer Ozean

Äthiopien

Kamerun

Gambia

Ghana

Wissenswert:

Höchster Berg: Kilimandscharo, Tansania, 5 895 m.

Größte Wüste: Die Sahara ist mit 8 400 000 qkm die größte Wüste der Erde.

Längster Fluß: Der Nil ist mit 6 650 km der längste Fluß der Erde.

Größter See: Der Victoria-See ist 69 484 qkm groß.

Höchster Wasserfall: Tugela-Fälle, Südafrika, 947 m hoch.

Größte Stadt: Kairo, Ägypten, etwa 6 Millionen Einwohner.

Bevölkerung: In Afrika leben etwa 600 Millionen Menschen.

00	7500	8000	8500	9000	9500	10 000	10 500	11 000	11 500	12 000	12 500	13 000	13 500	KM

Mittlerer Osten

Im Mittleren Osten gibt es vor allem Gebirge und heiße Sandwüsten. Einige Staaten haben riesige Erdölvorkommen. Aus Bohrlöchern wird das Erdöl aus der Tiefe nach oben gepumpt. Es wird in andere Länder exportiert, die es zu Benzin und anderen Kraftstoffen verarbeiten.

Israel

Die Vereinigten Arabischen Emirate

Schwarzes Meer

Istanbul
Ankara
Türkei
Taurus-Gebirge

Zypern
Nikosia
Mittelmeer
Syrien
Damaskus
Euphrat
Tigris
Bagdad
Libanon
Beirut
Irak
Israel
Tel Aviv
Jerusalem
Amman
Basra
Kuwait City
Jordanien
Kuwait
Bahrain
Manama
Doha
Saudi-Arabien
Er Riad

Mekka

N
W O
S

Rotes Meer

Sana

Aden

Jerusalem in Israel ist für Juden, Christen und Moslems eine heilige Stadt.

Millionen von Moslems pilgern jedes Jahr zur heiligen Stadt Mekka in Saudi-Arabien.

Die Wüste im Süden von Saudi-Arabien bedeckt fast ein Viertel des Landes. Sie ist die längste Sandwüste der Erde.

| KM | 250 | 500 | 1000 | 1500 | 2000 | 2500 |

In den Bergen des Iran leben Leoparden.

Afghanistan

Kabul

Hindukusch

Elburs-Gebirge

Teheran

Iran

Zagros-Gebirge

Iran

In diesen Ländern regnet es sehr selten. Es gibt jedoch unterirdische Wasserläufe, und Meerwasser kann in Trinkwasser umgewandelt werden.

Im Iran leben Nomadenstämme. Sie ziehen mit ihren Schafen und Ziegen durchs Land und leben in Zelten.

Persischer Golf

Oman

Abu Dhabi

Maskat

Katar

Vereinigte Arabische Emirate

Oman

Jemen

Saudi-Arabien

Im Iran werden wertvolle Teppiche geknüpft.

Wissenswert:

Höchstes Gebirge: Elburs, Iran, mehr als 5 600 m.

Längster Fluß: Euphrat, 2 740 km.

Klima: Im Sommer wird es sehr heiß, die Winter sind kalt.

Größte Stadt: Teheran, Iran, etwa 6 Millionen Einwohner.

Bevölkerung: Israel etwa 4,7 Millionen, Iran etwa 56 Millionen, Irak etwa 18 Millionen, Saudi-Arabien 14 Millionen.

Das Erdöl fließt in Pipelines von der Bohrstelle zu den Häfen. Von dort bringen es große Tanker in alle Welt.

Indischer  Subkontinent

Weite Teile Indiens sind Getreideanbaugebiete, sie sind auf den Monsunregen, der zwischen Juni und Oktober fällt, angewiesen. Der Himalaya ist das höchste Gebirge der Welt und bildet die Grenze zu China.

Der Monsun ist einerseits wichtig für die Ernte, andererseits richten die sintflutartigen Regenfälle oft großen Schaden an und zerstören ganze Dörfer.

Himalaya heißt »Schneewohnstätte«.

Die Ohren des Indischen Elefanten sind viel kleiner als die des Afrikanischen Elefanten.

Die meisten Menschen in Indien essen jeden Tag Reis.

Nirgendwo wird so viel Tee angebaut wie in Indien.

Islamabad

Lahore

Delhi
Neu-Delhi

Pakistan

Wüste Thar

Nepal
Katmandu

Kanpur
Ganges

Kalkutta

Ahmedabad

Indien

Bombay

Hyderabad

Golf von Bengalen

Bangalore

Madras

Pakistan

Sri Lanka

Indien

Colombo

Sri Lanka

Himalaya

| KM | 250 | 500 | 1000 | 1500 | 2000 | 2500 |

Ponys, Yaks und Schafe transportieren Lasten quer durch den Himalaya.

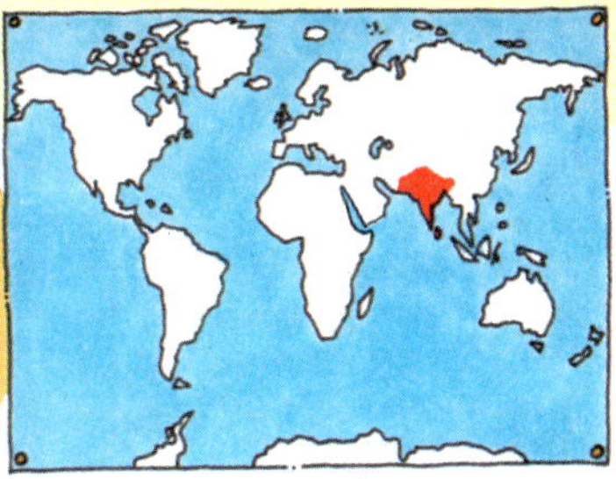

Thimbu
Bhutan
Brahmaputra

Bangladesch

Dhaka

In den Ausläufern des Himalaya und in den Ganges-Sümpfen leben Elefanten und Tiger.

Nach Holland ist Indien das am dichtesten besiedelte Land der Erde.

Wissenswert:

Höchster Berg: Der Mount Everest im Himalaya, 8 848 m (höchster Berg der Erde).

Längster Fluß: Ganges-Brahmaputra 2 900 km.

Klima: Im Gebirge herrscht Frost, in den übrigen Gebieten ist es sehr heiß.

Größte Stadt: Kalkutta, Indien etwa 9 Millionen Einwohner.

Bevölkerung in einigen Staaten: Nepal etwa 18 Millionen, Bangladesch etwa 110 Millionen, Bhutan etwa 1,5 Millionen, Indien etwa 850 Millionen, Sri Lanka etwa 17 Millionen, Pakistan etwa 120 Millionen.

In Indien gelten Kühe als heilig. Sie leben nicht auf der Weide, sondern grasen, wo immer sie wollen.

Auf Baumwollfeldern wird Baumwolle gepflückt, die zu Stoff verarbeitet wird. Anschließend wird er bedruckt oder gefärbt.

Der Tadsch Mahal, ein Grabmal bei Agra in Indien, gilt als das schönste Bauwerk der Welt.

| 3000 | 3500 | 4000 | 4500 | 5000 | KM |

Südost-Asien

Südostasien bezeichnet ein Gebiet, das sich von Myanmar (Birma) bis zur Inselkette Indonesiens erstreckt. Dort herrscht ein warmes Klima, nur der Monsun bringt zeitweilig heftige Regenfälle. Die traditionellen Behausungen aus geflochtenen Palmenblättern sind dadurch oft bedroht.

Elefanten sind Lasttiere. Sie bringen Baumstämme aus den Wäldern zum Fluß. Dort wird das Holz zum Sägewerk geflößt.

Korallen sind Lebewesen im warmen, seichten Wasser des Pazifiks. Milliarden ihrer versteinerten Skelette bilden Riffe oder sogar Inseln.

Die Inselbewohner sind Fischer. Ihre Boote sind Kanus mit kleinen Segeln und Auslegern.

Aus der Vogelschau erkennt man rund um die Korallenriffe das türkisblaue Wasser.

Myanmar
Mandalay
Rangun
Irawadi
Hanoi
Laos
Vientiane
Vietnam
Thailand
Bangkok
Kambodscha
Phnom Penh
Ho-Chi-Minh-Stadt
Südchinesisches Meer
Thailand
Medan
Kuala Lumpur
Sumatra
Malaysia
Singapur
Brunei
Bandar Seri Begawan
Borneo
Jakarta
Semarang
Surabaya
Bandung
Java
Indonesien

KM	250	500	1000	1500	2000	2500	3000	3500

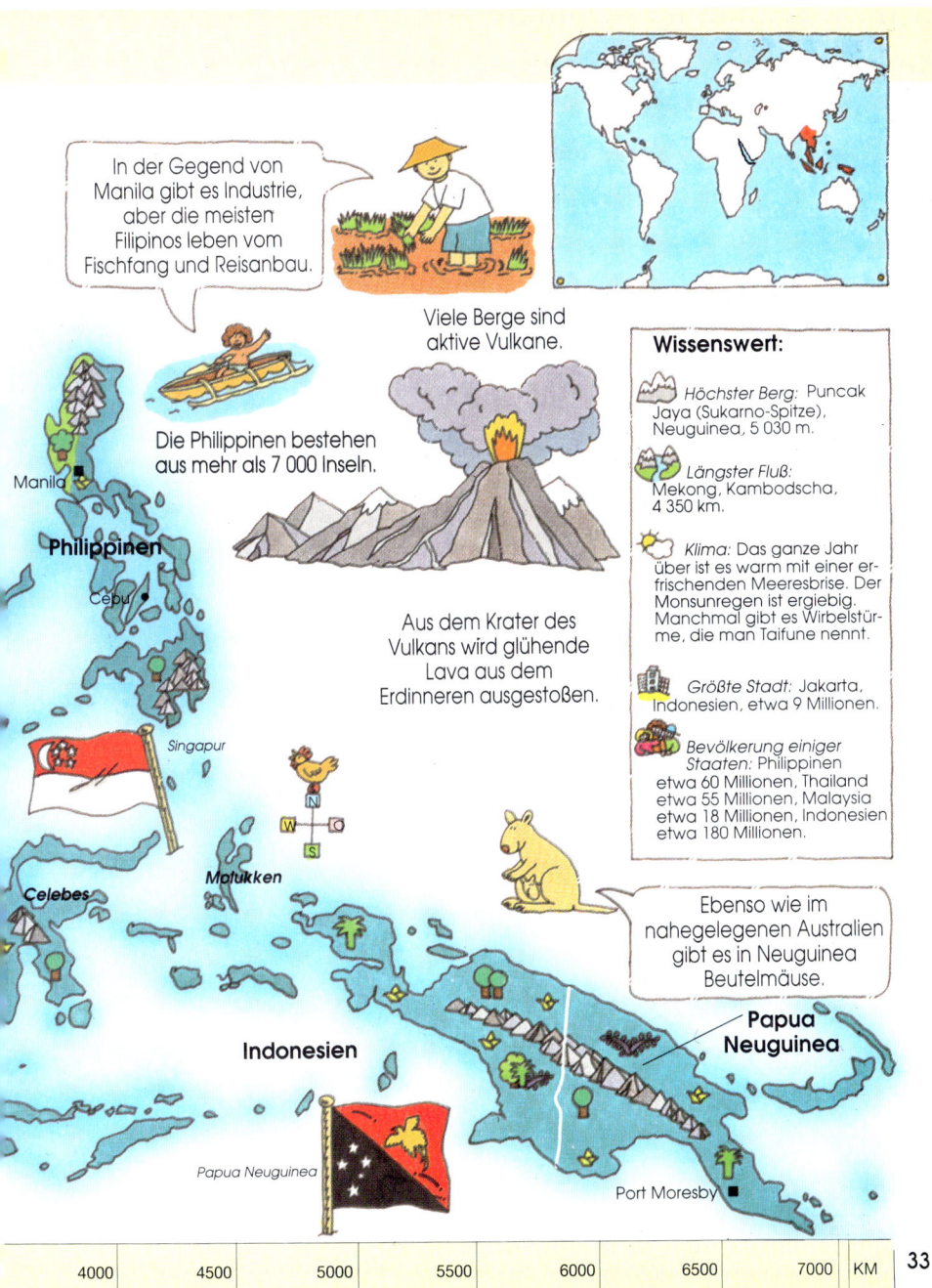

In der Gegend von Manila gibt es Industrie, aber die meisten Filipinos leben vom Fischfang und Reisanbau.

Viele Berge sind aktive Vulkane.

Die Philippinen bestehen aus mehr als 7 000 Inseln.

Aus dem Krater des Vulkans wird glühende Lava aus dem Erdinneren ausgestoßen.

Manila

Philippinen

Cebu

Singapur

Celebes

Molukken

Indonesien

Papua Neuguinea

Papua Neuguinea

Port Moresby

Ebenso wie im nahegelegenen Australien gibt es in Neuguinea Beutelmäuse.

Wissenswert:

Höchster Berg: Puncak Jaya (Sukarno-Spitze), Neuguinea, 5 030 m.

Längster Fluß: Mekong, Kambodscha, 4 350 km.

Klima: Das ganze Jahr über ist es warm mit einer erfrischenden Meeresbrise. Der Monsunregen ist ergiebig. Manchmal gibt es Wirbelstürme, die man Taifune nennt.

Größte Stadt: Jakarta, Indonesien, etwa 9 Millionen.

Bevölkerung einiger Staaten: Philippinen etwa 60 Millionen, Thailand etwa 55 Millionen, Malaysia etwa 18 Millionen, Indonesien etwa 180 Millionen.

| 4000 | 4500 | 5000 | 5500 | 6000 | 6500 | 7000 | KM |

33

Ostasien

China ist das drittgrößte Land der Welt. Japan ist viel kleiner – nur wenig größer als Deutschland – aber es ist das reichste Land Asiens.

Chinesische Tempel und Pagoden haben geschwungene Ziegeldächer.

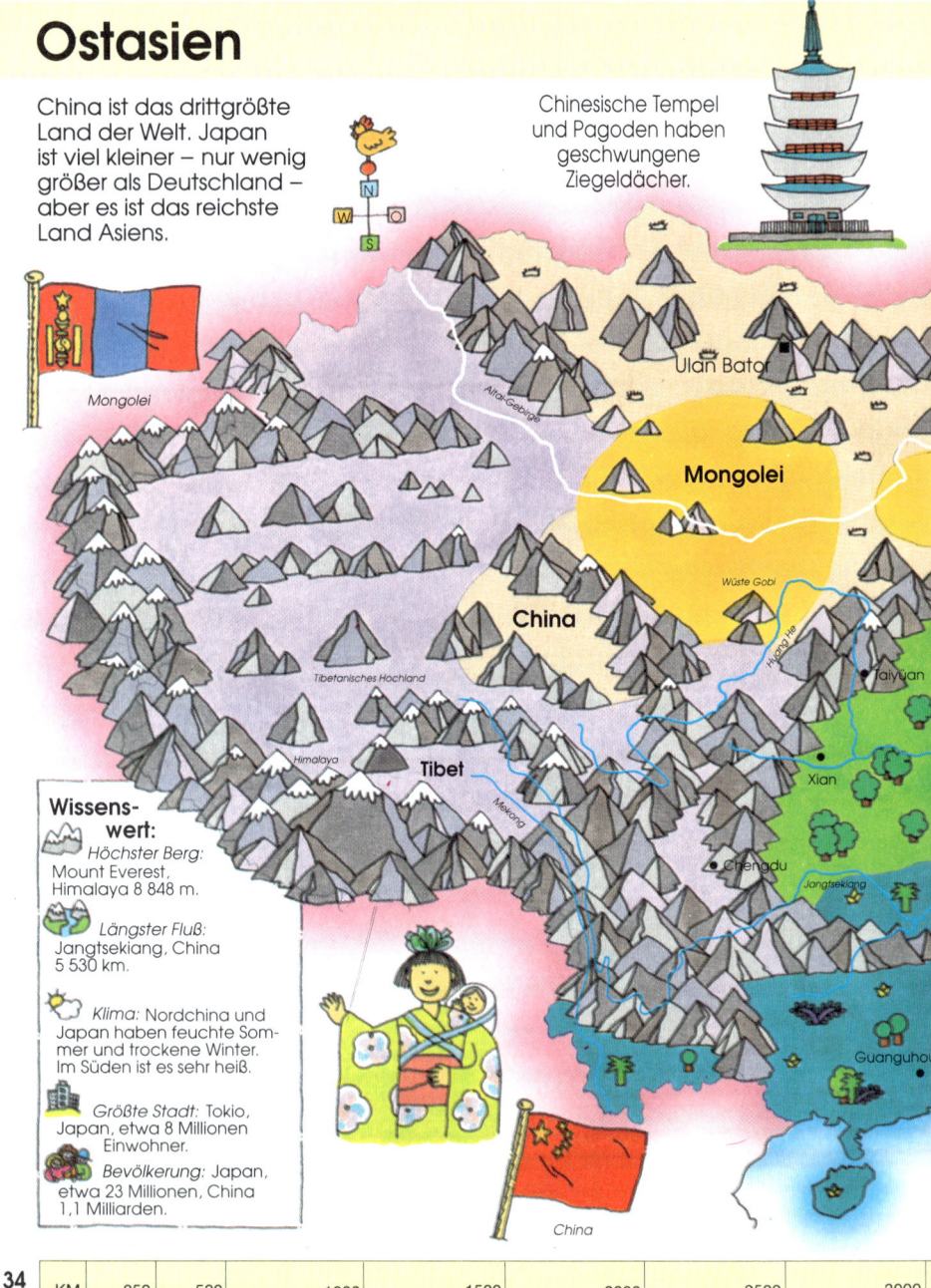

Mongolei

Ulan Bator

Mongolei

Altai-Gebirge

Wüste Gobi

Huang He

China

Tibetanisches Hochland

Taiyüan

Himalaya

Tibet

Xian

Mekong

Chengdu

Jangtsekiang

Guanguhou

Wissens- wert:

Höchster Berg: Mount Everest, Himalaya 8 848 m.

Längster Fluß: Jangtsekiang, China 5 530 km.

Klima: Nordchina und Japan haben feuchte Sommer und trockene Winter. Im Süden ist es sehr heiß.

Größte Stadt: Tokio, Japan, etwa 8 Millionen Einwohner.

Bevölkerung: Japan, etwa 23 Millionen, China 1,1 Milliarden.

China

| KM | 250 | 500 | 1000 | 1500 | 2000 | 2500 | 3000 |

In Japan gibt es große Fabriken, in denen Autos, Computer und Fernsehgeräte hergestellt werden.

Japan

Nach dem Zweiten Weltkrieg wurde Korea in Nord- und Südkorea aufgeteilt.

Vor 2000 Jahren wurde die Chinesische Mauer als Schutzwall gegen die Mongolen errichtet. Sie windet sich über 2 414 Kilometer durch das nordchinesische Bergland.

Reispflanzen werden in überflutete Felder gesetzt. Zur Ernte wird das Wasser abgelassen.

Ein Fünftel der Weltbevölkerung lebt in China.

Im Südwesten Chinas leben noch einige wenige Große Pandabären.

Amur
Harbin
Shenyang
Nord-korea
Peking
Pjöngjang
Seoul
Süd-korea
Gelbes Meer
Nanjing
Schanghai
Nagasaki
Taipeh
Taiwan
Hong Kong
Hokkaido
Japanisches Meer
Tokio
Kyoto
Hiroschima
Japan
Pazifischer Ozean
Südkorea
Nordkorea

| 3500 | 4000 | 4500 | 5000 | 5500 | 6000 | KM |

Australien und Neuseeland

Australien ist der kleinste Kontinent der Erde. Es liegt von uns aus gesehen genau auf der anderen Seite der Weltkugel. Neuseeland liegt 1 500 km südöstlich von Australien. Während weite Teile Australiens flach und trocken sind, ist Neuseeland hügelig und grün.

Australien ist ungefähr 60 mal größer als Deutschland.

In Australien gibt es vor allem Schafe. Das Land ist der größte Wollproduzent der Welt.

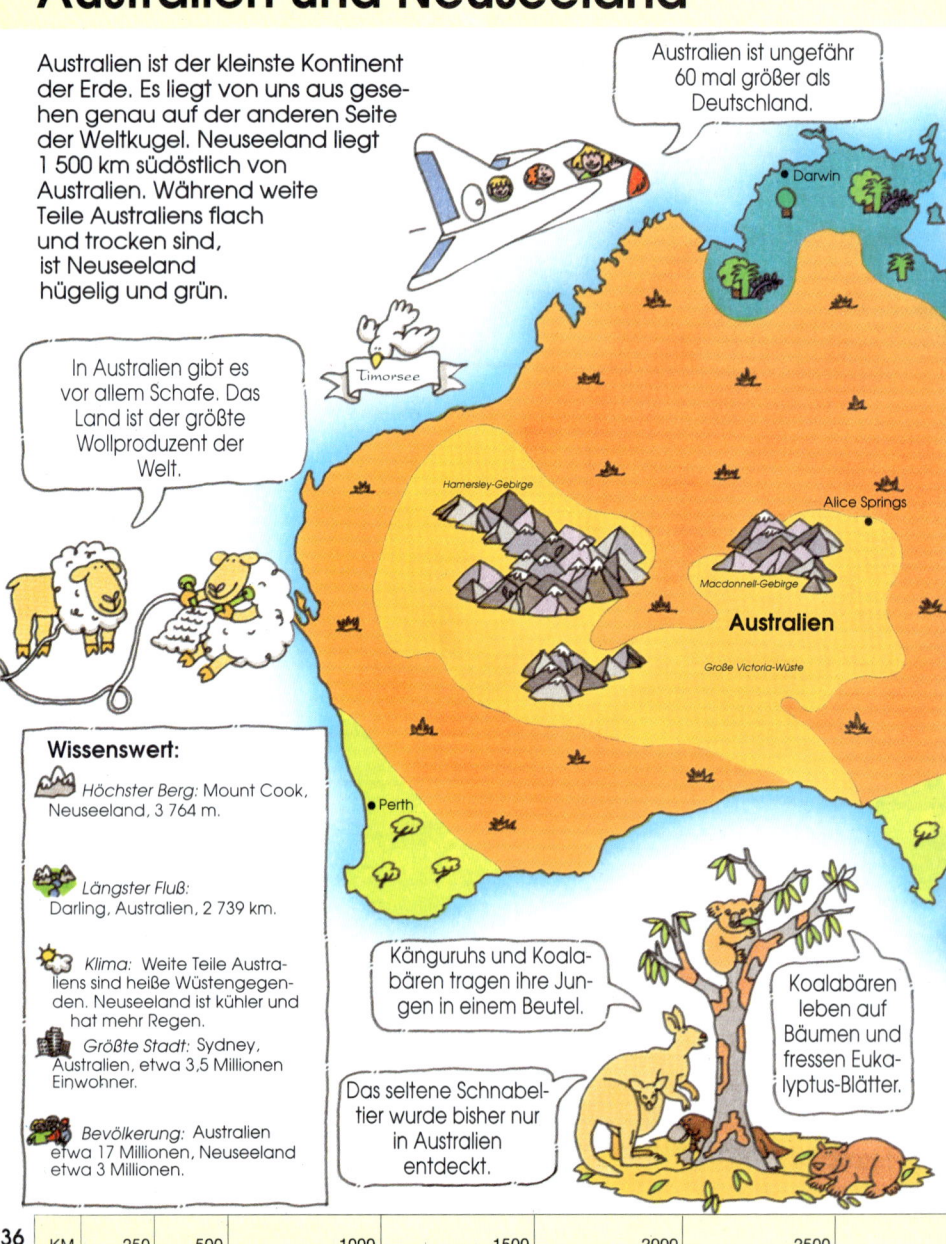

Timorsee

• Darwin

Hamersley-Gebirge

Alice Springs

Macdonnell-Gebirge

Australien

Große Victoria-Wüste

• Perth

Wissenswert:

Höchster Berg: Mount Cook, Neuseeland, 3 764 m.

Längster Fluß: Darling, Australien, 2 739 km.

Klima: Weite Teile Australiens sind heiße Wüstengegenden. Neuseeland ist kühler und hat mehr Regen.

Größte Stadt: Sydney, Australien, etwa 3,5 Millionen Einwohner.

Bevölkerung: Australien etwa 17 Millionen, Neuseeland etwa 3 Millionen.

Känguruhs und Koalabären tragen ihre Jungen in einem Beutel.

Koalabären leben auf Bäumen und fressen Eukalyptus-Blätter.

Das seltene Schnabeltier wurde bisher nur in Australien entdeckt.

| KM | 250 | 500 | 1000 | 1500 | 2000 | 2500 |

Das große Barriere-Riff ist das größte Korallenriff der Erde.

Korallenriffe bestehen aus den Skeletten winziger Meerestiere.

Surfen ist die beliebteste Sportart in Australien.

Die »Aborigines« sind die Ureinwohner Australiens. Früher jagten und kämpften sie mit Bumerangs.

N
W O
S

Cairns

Großes Barriere-Riff

Australisches Bergland

Brisbane

Darling

Sydney

Adelaide

Murray

Canberra

Melbourne

Australien

Tasman-
see

Hobart

Tasmanien

Neuseeland

Neuseeland besteht aus einer Nordinsel und einer Südinsel.

NORD-INSEL

Auckland

Der Kiwi ist das Wappen-tier Neuseelands. Dieser Vogel kann nicht fliegen.

Wellington

Christchurch

Neuseeland

SÜDINSEL

3500   4000   KM

KM   250   500   1000   KM

37

Die Arktis

Die Arktis ist kein Festland, sondern ein bis zu 5000 Meter tiefes, von riesigen, schwimmenden Eismassen bedecktes Meeresbecken.

Island

Polarbären leben auf dem Eis. Sie ernähren sich von Robben.

Alaska

Nordpolarmeer

Nordpol

Kanada

Rußland

Nordpolarmeer

Grönland

■ Godthåb

Nördlicher Polarkreis

Schweden

Island
Reykjavík

Finnland

Norwegen

Eskimos leben in den arktischen Teilen von Kanada, Alaska, Grönland und Rußland.

Auf dem arktischen Festland gibt es im Sommer nicht nur Moos und Gras, es ist mit bunten Blumen übersät.

KM	250	500	1000	1500	2000	2500	3000	3500	4000	4500	KM

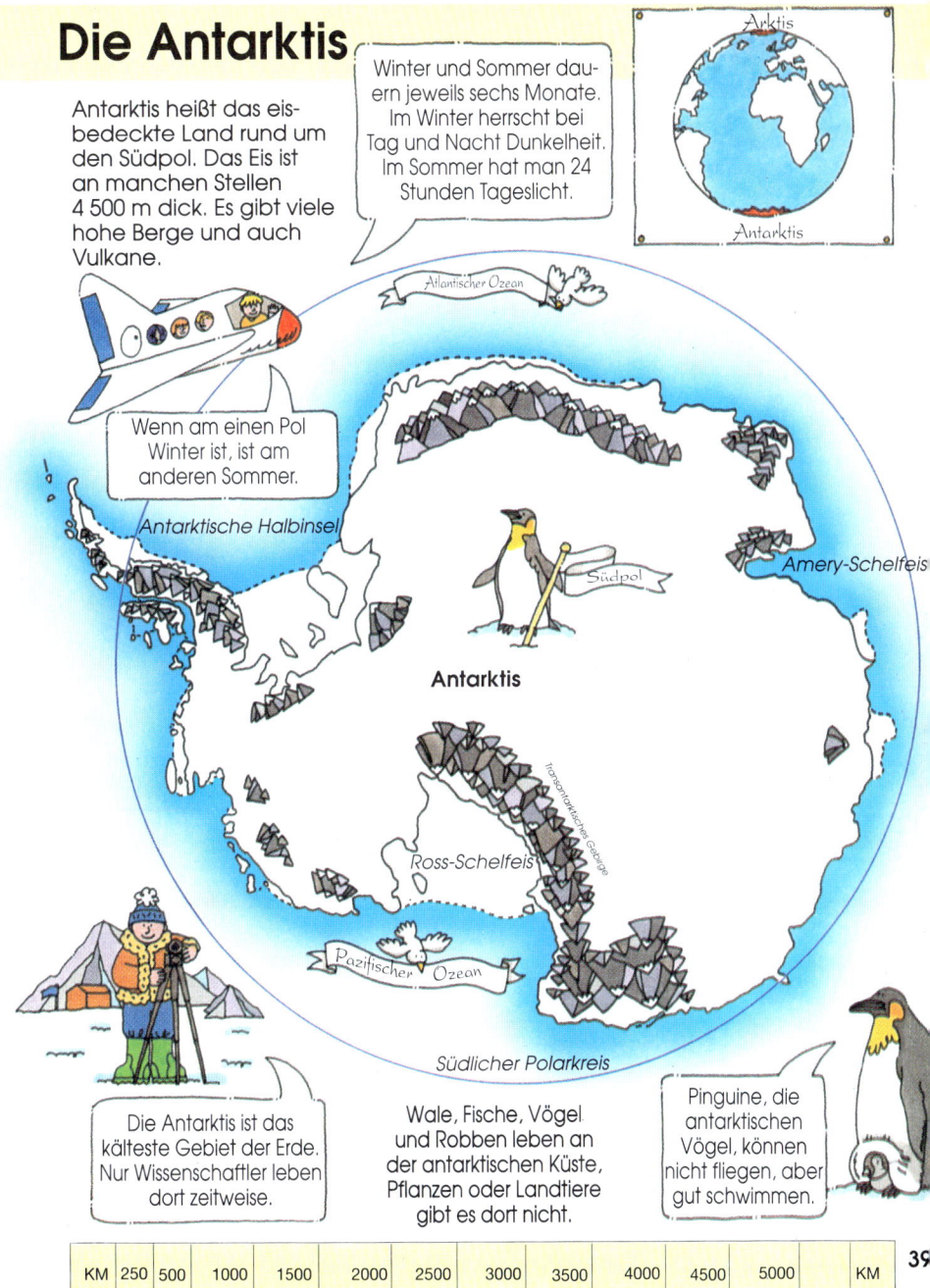

Länder-Register

Die englische Originalausgabe erschien
unter dem Titel *First Atlas*
bei The Watts Publishing Group, England
© Zigzag Publishing Ltd
All rights reserved

Genehmigte Sonderausgabe
für den Buch + Zeit Verlag
Alle Rechte vorbehalten
Aus dem Englischen von Anette Kühnel
ISBN 3-8166-0260-6